(presque) impossible!
Labyrinthes

Le Ballon

CIRCUS
99
CIRCUS
MOM

Sart

finish

N2531
HRS
N3977C

G-AXVK
RAF
RESCUE
RESCUE
BRISTOW

UNO
NBA
NYC
I ♥ NY

ZZZZ

finish

Start

RAMBLER

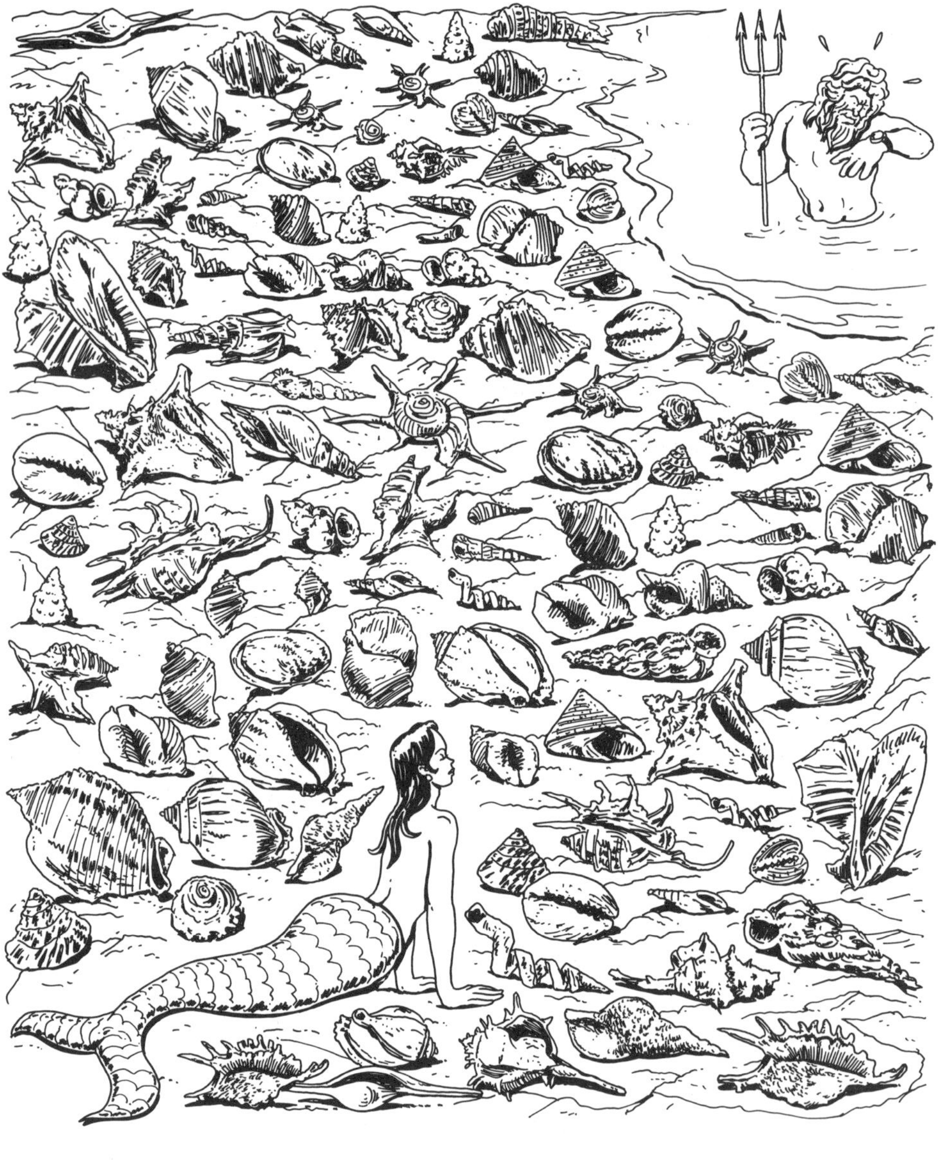

7

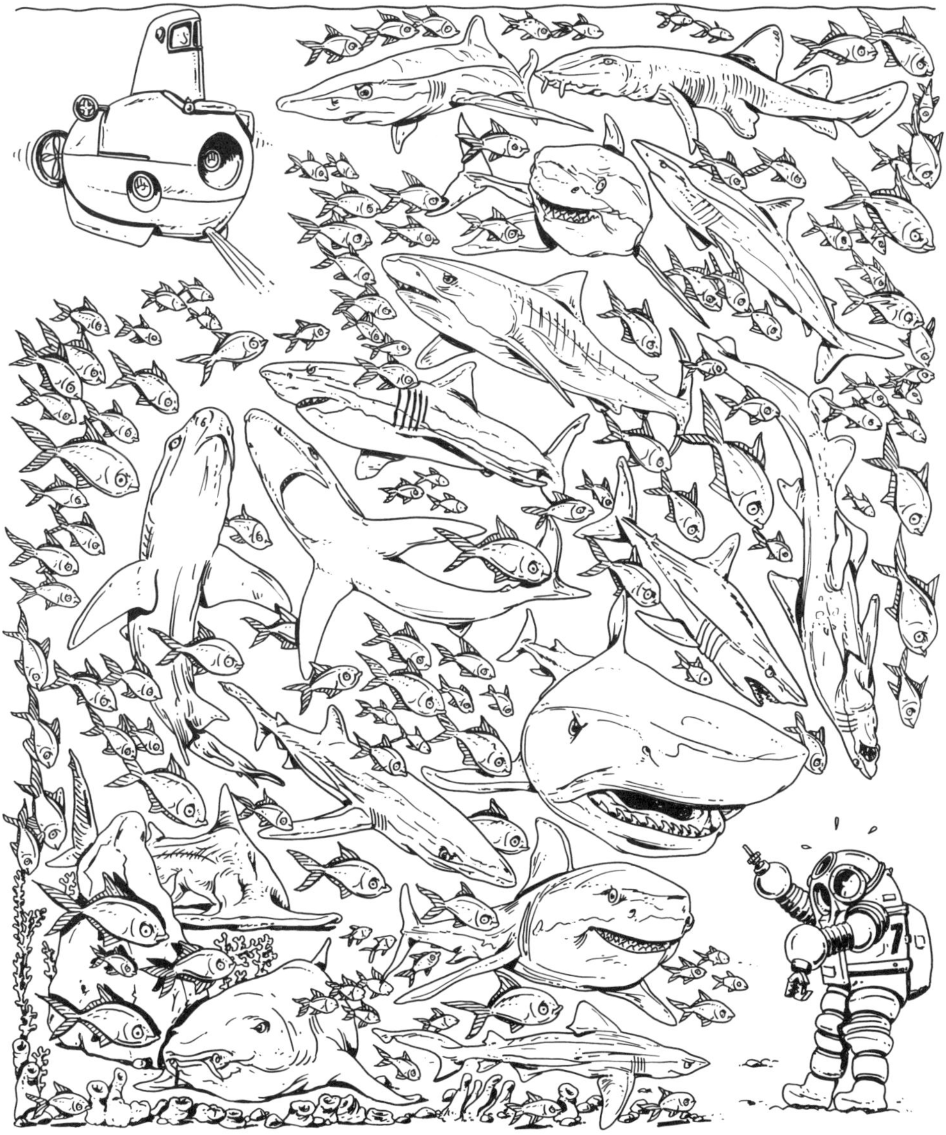

1

RIP

6
15
5

N3977C

CIRCUS
CIRCUS

UNO
NBA
NYC

G-AXVK